Nachtrag

zu

Loeck, Reichsstempelgesetz,

Zehnte Auflage,

enthaltend

die durch das Wertzuwachssteuergesetz abgeänderten §§ 67–71 sowie die in der Zwischenzeit ergangenen Entscheidungen und Verfügungen.

Berlin 1911.

J. Guttentag, Verlagsbuchhandlung,

G. m. b. H.

Loeck, Reichsstempelgesetz. 10. Auflage.

Nachträge.

A. Die durch die §§ 67 bis 71 des am 1. April 1911 in Kraft getretenen Zuwachssteuergesetzes vom 14. Februar 1911 (RGBl. S. 33) eingetretenen Aenderungen des Reichsstempelgesetzes.

Die die Aenderungen enthaltenden Paragraphen des Zuwachssteuergesetzes lauten:

§ 67.

Abs. 3 des § 85 des Reichsstempelgesetzes erhält folgende Fassung:

Die Entgegennahme der Auflassung oder, wenn diese nicht vor dem Grundbuchrichter erfolgt, die Eintragung des neuen Eigentümers im Grundbuch kann nach dem Ermessen des Gerichts von einer vorgängigen Sicherheitsleistung für den Abgabenbetrag abhängig gemacht werden. Ueber Erinnerungen gegen die Anordnung der Sicherheitsleistung wird im Aufsichtsweg entschieden.

§ 68.

Der § 89 des Reichsstempelgesetzes vom 15. Juli 1909 (Reichs-Gesetzbl. S. 833) erhält mit Wirkung vom 1. Oktober 1909 ab folgende Fassung:

Von Grundstücken, die auf Grund von Vorschriften gebunden sind, die nach den Artikeln 57, 58, 59 des Einführungsgesetzes zum Bürgerlichen Gesetzbuch von den Vorschriften des Bürgerlichen Gesetzbuchs unberührt bleiben, ist an Stelle der Abgabe nach Tarifnummer 11 eine jährliche Abgabe von $^1/_{90}$ vom Hundert des Wertes zu entrichten.

Die Ermittelung des Wertes findet nach den Bestimmungen des § 16 des Erbschaftssteuergesetzes vom 3. Juni 1906 (Reichs-Gesetzbl. S. 620) in dreißigjährigen Zeitabschnitten statt.

Der erste dreißigjährige Abschnitt beginnt mit dem Zeitpunkt, in welchem das Grundstück der Bindung unterworfen wird, und sofern dieser vor dem Inkrafttreten dieses Gesetzes liegt, mit dem 1. Oktober 1909.

Für die Zeit vom 1. Oktober 1909 bis zum 30. Juni 1914 wird zu der im Abs. 1 vorgesehenen Abgabe ein Zuschlag von $^1/_{90}$ vom Hundert des ermittelten Wertes jährlich erhoben.

Die Abgabe ruht auf dem Grundstück und gilt als öffentliche Last im Sinne des § 10 Ziffer 3 des Gesetzes über die Zwangsversteigerung und Zwangsverwaltung.

Grundstücke, zu deren rechtsgültiger Veräußerung weder eine landesherrliche oder sonstige Genehmigung noch die Zustimmung von Familienmitgliedern oder Dritten erforderlich ist und deren Veräußerungserlös nach den gesetzlichen oder hausverfassungsmäßigen oder stiftungsmäßigen Bestimmungen der freien Verwendung des Veräußerers unterliegt, gelten nicht als gebunden im Sinne der Vorschriften dieses Paragraphen.

Von der Abgabe befreit sind der Landesfürst und die Landesfürstin.

§ 69.

An die Stelle des § 90 des Reichsstempelgesetzes treten folgende Vorschriften:

Bei Veräußerungen, die in die Zeit bis zum 30. Juni 1914 fallen, wird zu der in Tarifnummer 11 vorgesehenen Abgabe von $^1/_3$ vom Hundert des Kaufpreises ein Zuschlag von einhundert vom Hundert erhoben.

Nach dem 30. Juni 1914 wird der Steuersatz in Tarifnummer 11 von drei zu drei Jahren durch den Bundesrat einer Nachprüfung unterzogen. Uebersteigt innerhalb des dreijährigen Zeitraums der durchschnittliche Jahresanteil des Reichs am Ertrage der Zuwachssteuer den Betrag von 25 Millionen Mark, so ist der Steuersatz in Tarifnummer 11 mit Wirkung vom Beginn des der Feststellung folgenden Rechnungsjahrs für die folgenden drei Jahre nach näherer Bestimmung des Bundesrats entsprechend herabzusetzen.

Die Vorschriften des Abs. 2 finden auf die Abgabe nach § 89 Anwendung. Insoweit die Abgabe für eine Zeit bezahlt ist, für welche die Herabsetzung eintritt, ist vom Reiche entsprechender Rückersatz zu leisten.

§ 70.

Die Befreiungsvorschrift am Schlusse der Tarifnummer 11 des Reichsstempelgesetzes wird dahin abgeändert:

Befreit sind auf Antrag:

1. Grundstücksübertragungen der in a und d dieser Tarifnummer bezeichneten Art, wenn der stempelpflichtige Betrag bei bebauten Grundstücken 20 000 Mark, bei unbebauten Grundstücken 5000 Mark nicht überschreitet. Erwirbt dieselbe Person von demselben Veräußerer durch verschiedene Rechtsvorgänge mehrere Grundstücke oder Grundstücksteile, so sind die Uebertragungen steuerpflichtig, wenn der Wert zusammen die angegebenen Beträge übersteigt, und die Umstände ergeben, daß der Erwerb zum Zwecke der Ersparung der Steuer in mehrere Rechtsvorgänge zerlegt worden ist. Was im Sinne dieser Vorschrift als bebautes und unbebautes Grundstück anzusehen ist, bestimmt sich nach dem § 1 des Zuwachssteuergesetzes. *)

   Die Steuerfreiheit tritt nur ein, wenn weder der Erwerber und sein Ehegatte im letzten Jahre ein Einkommen von mehr als 2000 Mark gehabt haben, noch einer von ihnen den Grundstückshandel gewerbsmäßig betreibt. Wird festgestellt, daß der Erwerb für Rechnung eines Dritten erfolgt, so ist die Steuerfreiheit nur zu gewähren, wenn die Voraussetzungen für die Befreiung auch in der Person des Dritten vorliegen.

   Beurkundungen von Uebertragungen der Rechte eines befreiten Erwerbers werden in betreff der Stempelpflichtigkeit auch dann wie Beurkundungen von Veräußerungen behandelt (a Abs. 2 Satz 1 dieser Tarifnummer), wenn der erste Erwerber das Veräußerungsgeschäft erweislich auf Grund eines Vollmachtsauftrags oder einer Geschäftsführung ohne Auftrag für einen Dritten abgeschlossen hat und die Uebertragung der Rechte dieses ersten Erwerbers an den Dritten erfolgt.

---

*) Die betreffende Bestimmung lautet:

Als unbebaut gelten auch solche Grundstücke, auf denen sich Gartenhäuser, Schuppen, Lagerstätten und ähnliche zu vorübergehenden Zwecken dienende Baulichkeiten befinden.

2. Eigentumsveränderungen, denen sich die Beteiligten aus Gründen des öffentlichen Wohles zu unterwerfen gesetzlich verpflichtet sind.

§ 71.

Die Anmerkung zu Tarifnummer 11 des Reichsstempelgesetzes erhält in Abs. 1 folgende Fassung:

Stempelabgaben unter fünfzig Pfennig werden nicht erhoben. Höhere Beträge, welche nicht ohne Bruch durch zehn teilbar sind, werden auf den nächst höheren durch zehn teilbaren Betrag abgerundet; Stempelbeträge über fünf Mark, welche nicht ohne Bruch durch fünfzig teilbar sind, werden auf den nächst höheren durch fünfzig teilbaren Betrag abgerundet.

B. Seit Ausgabe dieser Auflage zu den Abschnitten II und IV ergangene Entscheidungen von Bedeutung.

1. Zu Abschn. II Note 4 bei § 1 AB. (S. 80).

Die vom Bundesrat erlassenen Ausführungsbestimmungen zu Zoll- und Steuergesetzen sind durch Abdruck im ZBl. f. d. D. R. rechtsgültig bekannt gemacht. Einer weiteren Veröffentlichung in den Gesetz- oder Amtsblättern der einzelnen Bundesstaaten oder von seiten einer sonstigen Behörde in den für deren amtliche Bekanntmachungen bestimmten Blättern bedarf es nicht. RG. 7. 10. 10. ZBl. 1911 S. 118.

2. Zu Abschn. II AB. § 1 (S. 80).

Das Verzeichnis der zur Abstempelung ermächtigten Amtsstellen s. im RZBl. 1910 S. 709.

3. Zu Abschn. II AB. § 4 Abs. 1 (S. 83).

Als der Betrag, zu dem Aktien ausgegeben werden, ist in den Fällen, in denen es sich nicht um die Ausgabe von Aktien gegen Barzahlung handelt, der Gesamtwert der Gegenleistungen (Sacheinlagen) anzusehen. BRB. v. 15. 12. 10. § 1257 der Prot. RZBl. 1911 S. 28. ZBl. 1911 S. 83.

4. Zu Abschn. II AB. §§ 25 l, 62 und 147 (S. 97, 119, 166).

Die „Bestimmungen über die Behandlung der gestundeten Zölle und Reichssteuern bei Kriegsgefahr" s. in Nr. 150 der Drucks. des BR. von 1910.

5. Zu Abschn. II AB. § 25 o (S. 100).

Von der Ermächtigung des § 25 o der AB. kann in dem in dem Erlaß vom 12. 1. 10. III 464 (Note 13) gegebenen Rahmen sinngemäß auch bei solchen Gewinnanteilschein- und Zinsbogen Gebrauch gemacht werden, die zur Erneuerung der spätestens mit dem 2. Januar 1910 ablaufenden Bogen vor dem 1. August 1909 zur Verfügung der Berechtigten gestellt, aber erst nach diesem Zeitpunkt abgehoben worden sind. FM. 23. 6. 10. III 12165.

6. Zu Abschn. II AB. §§ 112 u. 118 (S. 142 u. 145).

Die Verpflichtung im § 118 Abs. 2 AB. ist, nachdem bei der Neuregelung des Verkehrs mit Kr. nicht mehr die Ortspolizeibehörden, sondern die höheren Verwaltungsbehörden für die Zulassung der Kr. für zuständig erklärt worden sind (§ 6 der V. über den Verkehr mit Kr. — RGBl. S. 389 — Abschn. IV Anm. 104 —), auf die höheren Verwaltungsbehörden übergegangen.

Mit Rücksicht auf das Verfahren, das nach der Anw. zur Ausf. der V. bei der Zulassung der Kr. jetzt stattzufinden hat, ist die im § 118 Abs. 2 der AB. vorgesehene Nachprüfung durch die Hebestellen entbehrlich. Der Uebersendung der Auszüge an die Hebestellen bedarf es daher nicht mehr.

Dagegen sind die im § 112 Abs. 1 AB. vorgesehenen Mitteilungen der Polizeibehörden zur Sicherung des Steueraufkommens auch weiterhin erforderlich und nunmehr von der höheren Verwaltungsbehörde der zuständigen Hebestelle zu machen. FM. 22. 2. 11. III. 2353.

7. Zu Abschn. II AB. § 127 B (S. 147).

Es ist genehmigt, daß zu Büchern, Blöcken usw. vereinigte Vordrucke zur amtlichen Abstempelung ohne Lösung der Verbindung zuzulassen sind, wenn die Abstempelung nach dem Ermessen der Steuerstelle mit deren Gerätschaften ohne besondere Schwierigkeiten oder unverhältnismäßigem Zeitaufwand ausführbar ist. FM. 19. 1. 11. III 1074.

8. Zu Abschn. II AB. § 127 c (S. 150).

Der sinngemäß anwendbaren Vorschrift des § 17 der Allg. Verf. vom 6. 7. 09 (JMBl. S. 239 — jetzt Allg. Verf. v. 28. 7. 10, JMBl. S. 299 —) entsprechend ist der Betrag der angesetzten RSt.abgabe in der Auflassungsliste in der Spalte 18 in Klammern unter Bezeichnung als Reichsstempelabgabe (RStA.) anzugeben oder daselbst kurz zu vermerken, daß eine Reichsabgabe nicht anzusetzen war (vgl. II B. 2. § 2). JM. 8. 7. 10, JMBl. S. 278.

9. Zu Abschn. II AB. § 127 d Abs. 1 (S. 150).

Der Vermerk über die Befreiung einer Grundstücksübertragung von der Reichsabgabe ist bei notariellen Urkunden von dem Notar zu machen (§ 127 d der AB. und § 4 der Allg. Verf. v. 27. 7. 09 — Abschn. II B. 2 —). Enthält eine dem Gerichte vorgelegte unversteuerte notarielle Urkunde den Vermerk nicht, so ist ohne eine Prüfung, ob die Befreiungsvorschrift zutrifft, zu verfahren wie bei nicht oder nicht genügend versteuerten Urkunden (§ 1 Satz 2 u. 3, § 3 letzter Abs. der Allg. Verf. v. 27. 7. 09 — in Abschn. II B. 2 —). JM. 23. 5. 10, JMBl. S. 165.

10. Zu Abschn. II AB. § 127 e (S. 151).

a) Die Gerichte haben die Reichsabgabe nur zu erheben für gerichtlich aufgenommene Urkunden und für Auflassungen (Verf. der Min. der Fin. und der Justiz v. 27. 7. 09 unter II und JME. vom nämlichen Tage § 1 — Abschn. II B. 1 u. 2 —). Bei notariell aufgenommenen Verträgen, die erst durch Erteilung der vormundschaftsgerichtlichen Genehmigung Gültigkeit erlangen, liegt die Erhebung der Abgabe dem Notar ob. Ist der Notar nicht sicher, ob er von der Erteilung der vormundschaftsgerichtlichen Genehmigung Kenntnis erlangen wird, so bleibt ihm überlassen, dem Zollamte Abschrift des Vertrags oder doch eine Mitteilung über die für die Berechnung der Abgabe in Betracht kommenden Abreden zugehen zu lassen, worauf das Zollamt durch Anfrage bei dem Gericht festzustellen hat, ob und wann die vormundschaftliche Genehmigung erfolgt ist. FM. 21. 12. 09. III 21 670.

b) Von der Erteilung der gerichtlichen Genehmigung zu notariell errichteten Kaufverträgen haben die Gerichtsschreiber den Notaren durch frankierte Postkarte alsbald Mitteilung zu machen, damit die Notare in den Stand gesetzt werden, die Einziehung der RSt.abgabe rechtzeitig zu veranlassen. Die Mitteilung unterbleibt, wenn die Notare ohnedies in ihrer Eigenschaft als Antragsteller oder aus einem sonstigen Grunde rechtzeitig Nachricht von der Genehmigung erhalten. JM. 8. 7. 10, JMBl. S. 278.

c) In den Fällen, in denen der Kaufvertrag vor dem 1. August 1909 errichtet, die Auflassung aber erst am 1. Aug. 1909 oder später erfolgt ist, liegt die Erhebung der Abgabe (JME. v. 11. 8. 09, JMBl. S. 308) dem Gericht ob, bei dem die Auflassung erfolgt ist. FM. 21. 12. 09 III 21 670.

d) Die bei der Abführung des eingegangenen Monatsgesamtbetrags statt baren Geldes abzuliefernden Belege über rückerstattete Beträge müssen den für Rechnungsbelege gegebenen Vorschriften entsprechen und den Erstattungsgrund ausreichend erkennen, insbesondere auch ersehen lassen, ob die Erstattung auf Grund des § 127 m Abs. 1, 2 oder des § 130 der Ausf.B. erfolgt ist. Dem Hauptzollamt oder dem Zollamt, an welches die Abgabe abzuführen ist (vgl. II. B. 2 § 8 u. II. B. 3), ist mit der im § 11 Abs. 1 der Allg. Verf. v. 27. 7. 09 (II. B. 2) vorgesehenen Mitteilung über die Gesamtzahl der Einzelposten des abgeführten Betrags und mit dem im Abs. 2 daselbst erwähnten Verzeichnis über bewilligte Befreiungen schriftlich Nachricht über die Höhe des abzuführenden Monatsgesamtbetrags (mit Einschluß des Betrags, für welchen Belege über Rückerstattungen statt baren Geldes abgeliefert werden) zu geben.

Wird die Reichsabgabe entsprechend der Allg. Verf. v. 11. 11. 09, JMBl. S. 362 (Abschn. II. B. 3) an ein Zollamt abgeführt, so ist auch die gemäß § 9 der Allg. Verf. v. 27. 7. 09 (Abschn. II. B. 2) erfolgende Mitteilung diesem Zollamte zu machen. Dasselbe gilt von den gemäß § 11 Abs. 1 u. 2 a. a. O. zu gebenden Nachrichten.

Sind in einem Monate Beträge an RSt. nicht abzuführen, so hat die Gerichtskasse dem zuständigen Hauptzollamt oder Zollamte hiervon schriftlich Nachricht zu geben. JM. 8. 7. 10, JMBl. S. 278.

e) Diese von den Gerichtskassen eingehenden Anzeigen, daß RSt.abgaben nicht abzuführen waren, sind in das Anmeldungsbuch einzutragen und ihm als Beleg beizufügen. Die mit der Buchprüfung betrauten Beamten haben darauf zu achten, daß die von den Gerichtskassen des Hebebezirks abgeführten Beträge in den Büchern der Amtsstelle richtig und vollständig nachgewiesen sind. FM. 23. 8. 10 III 15 792.

11. Zu Abschn. II AB. § 127 h Satz 3 (S. 151).

Eine Einziehung der Reichsabgabe zu den Gerichtskosten findet bei privatschriftlichen und außergerichtlichen st.pflichtigen Urkunden, welche dem Gericht behufs Ausschließung des Auflassungsst. vorgelegt werden, nicht statt (vgl. II. B. 2 § 1); die Erhebung der Abgabe geschieht ausschließlich durch die Zollbehörde, welcher gemäß § 127 h Satz 3 der AusfB. eine Abschrift des für die Besteuerung wesentlichen Teiles der Urkunde unter Angabe der geforderten und geleisteten Sicherheit zu übersenden ist (§ 1 Satz 1, § 3 Abs. 6 der Allg. Verf. v. 27. 7. 09, JMBl. S. 290 — in Abschn. II. B. 2 —).

Wird bei Ueberreichung einer privatschriftlichen Urkunde ein Antrag auf Befreiung von der RSt.abgabe auf Grund der Befr.Vorschriften der Tarifnummer 11 gestellt (vgl. Abschn. II. B. 2 § 4), so hat das Gericht sich der Entscheidung über diesen Antrag zu enthalten; es hat jedoch den Antrag entgegenzunehmen und der Zollbehörde bei Uebersendung der Abschrift der Urkunde mitzuteilen. JM. 23. 5. 10, JMBl. S. 165.

12. Zu Abschn. II AB. § 127 h (S. 151).

a) Eine vorgängige Sicherheitsleistung für den Abgabenbetrag (neuer § 85 Abs. 3 d. G.) findet nur noch unter den Voraussetzungen statt, unter denen nach § 58 Nr. 7 des PrGKG. v. 25. 7. 10 vom Gericht eine Sicherstellung der Staatskasse wegen der Kosten der Eintragung und des Landesst. verlangt werden kann. Es kann also insbesondere die Eintragung des Erstehers im Zwangsversteigerungsverfahren von einer vorgängigen Sicherheitsleistung überhaupt nicht mehr abhängig gemacht werden. Die Vorschrift in Nr. 10 der Allg. Verf. v. 23. 5. 10 (JMBl. S. 165), nach welcher auch im Zwangsversteigerungsverfahren Sicherheit zu leisten war, wird aufgehoben.

Ueber Beschwerden gegen eine Anordnung des Gerichts, durch welche Sicherheit verlangt ist, wird nicht mehr, wie nach § 3 Abs. 3 der Allg. Verf. v. 27. 7. 09 (JMBl. S. 290) durch die Gerichte, sondern im Aufsichtsweg entschieden (§ 85 Abs. 3 RStG. n. F.). Allg. Verf. v. 18. 3. 11, JMBl. S. 135.

b) Auf die Rückgewährung der als Sicherheit eingezahlten Beträge finden die Vorschriften des § 10 der Allg. Verf. v. 27. 7. 09 — Abschn. II. B. 2 — entsprechende Anwendung. Zuständig zur Entscheidung über Anträge auf Rückgabe der Sicherheit wegen Entrichtung der Abgabe oder wegen Genehmigung von Anträgen auf Befreiung von der Abgabe ist der Kassenkurator, soweit nicht dem Hauptzollamt gemäß § 9 a. a. O. die Entscheidung zusteht. JM. 23. 5. 10, JMBl. S. 165.

c) Die Rückzahlung der Sicherheit erfolgt aus dem vorhandenen Barbestande ohne Eintragung in das Verzeichnis der Zurückzahlungen. Bei der Abführung des eingegangenen Monatsgesamtbetrages wird in Höhe der Rückerstattung statt baren Geldes der Beleg abgeliefert. Ist der als Sicherheit eingezahlte Betrag an die Zollbehörde abgeführt und steht dieser gemäß § 9 der Allg. Verf. v. 27. 7. 09 (in Abschn. II B. 2) die Entscheidung darüber zu, ob der Betrag endgültig als RSt.abgabe zu vereinnahmen oder zurückzugewähren ist, so erfolgt eine etwaige Herauszahlung durch die Zollbehörde. JM. 23. 5. 10, JMBl. S. 165.

13. Zu Abschn. II AB. § 127 k Abs. 4 (S. 153).

Der Wert des mit einem Grundstücke veräußerten Zubehörs (§ 97 BGB.) ist bei Berechnung der Reichsabgabe nicht zu berücksichtigen, sofern nicht im Einzelfall auf Grund des § 127 k Abs. 4 Satz 2 der AusfB. der Gesamtpreis oder -wert der Berechnung der Abgabe zugrunde zu legen ist. JM. 23. 5. 10, JMBl. S. 165.

14. Zu Abschn. II AB. § 127 m (S. 153).

a) Ueber Anträge auf Erstattung von RSt., die von den Notaren erhoben worden sind, hat die Zollbehörde zu befinden. JM. 23. 5. 10, JMBl. S. 165.

b) Die Befugnis des Landgerichtspräsidenten zur Entscheidung über Erstattungsanträge (Abschn. II B. 2. § 6) beschränkt sich nicht auf die Fälle des § 127 m Abs. 1 u. 2 der AusfB., sondern umfaßt alle Fälle, in denen eine Erstattung von St. beantragt wird. Hierher gehören insbesondere auch Erstattungsanträge wegen unrichtigen St.ansatzes, irrtümlicher Wertberechnung oder Zurückweisung eines Antrags auf St.befreiung gemäß der Befr.Vorschr. am Schlusse der Tarifnummer 11; wird ein Antrag auf Befreiung erst nachträglich — sei es nach der Beurkundung oder erst nach der Zahlung der Abgabe — gestellt, so entscheidet über ihn der Richter, welcher die Verhandlung aufgenommen hat. JM. 23. 5. 10, JMBl. S. 165.

c) Die Direktivbehörden werden ermächtigt, auf Antrag aus Billigkeitsrücksichten die RSt.abgabe von Wertpapieren, sowie von Gewinnanteilschein- und Zinsbogen ohne Rücksicht auf den Zeitpunkt der Versteuerung zu erstatten, wenn die Wertpapiere, Gewinnanteilscheinbogen oder Zinsbogen nachweislich nicht zur Ausgabe gelangt sind und die Papiere oder Bogen entweder unter amtlicher Aufsicht vernichtet werden oder ihre früher erfolgte Vernichtung einwandfrei nachgewiesen wird. BRBeschl. Nr. 45 der Prot. u. § 357 der Drucks. von 1911.

15. Zu Abschn. II AB. § 128 Abs. 3 (S. 158).

Werden auf Grund des § 128 Abs. 3 für steuerfrei verabfolgte gestempelte Schlußnotenvordrucke Herstellungskosten erhoben, so sind die eingezogenen Beträge gleichfalls im Drucksachen-Bezug- und Verkaufbuch in Einnahme nachzuweisen. Die Menge der abgegebenen Vordrucke ist in der Bemerkungsspalte nachrichtlich anzugeben. FM. 16. 3. 11 III 4187, ZBl. S. 100.

16. Zu Abschn. II AB. § 136 (S. 161).

Die Nachprüfung des Absatzes der RSt.abgabe hat unter entsprechender Anwendung der Allg. Verf. v. 28. 2. 1885, JMBl. S. 90, ZBl. S. 82

zu erfolgen. Die §§ 14 u. 15 dieser Verf. finden indessen keine Anwendung. JM. 23. 5. 10, JMBl. S. 165.

17. Zu Abschn. II AB. § 142 (S. 163).

Ueber die anderweite buchmäßige Behandlung der ungestempelten amtlichen Schlußnotenvordrucke und den Nachweis über ihren Bezug und Verkauf s. FM. 16. 3. 11 III 4187, ZBl. S. 100.

18. Zu Abschn. IV Anm. 5 (S. 230).

a) Im Inlande befindliche ungestempelte ausländische Aktien müssen mit dem RSt. versehen werden, wenn sie von dem Aktionär einem andern zur Ausübung des von ihm erworbenen Rechtes zum Bezuge junger Aktien überlassen werden. Wenn auch die entgeltliche Ueberlassung von Bezugsrechten ein Anschaffungsgeschäft nicht darstellt (vgl. Anm. 170 b), so liegt darin doch ein „anderes" Geschäft im Sinne des § 2 Abs. 1. Durch die Ueberlassung werden die Aktien Gegenstand eines Mietvertrages, insofern als der Eigentümer sich des aus dem Eigentum hervorgehenden Bezugsrechts zu Gunsten des Vertragsbeteiligten begibt und diesem die Aktien zur Benutzung zum Zwecke der Ausübung des Bezugsrechts überläßt. Damit treten die Aktien in den Verkehr. Verf. der Oberzolldir. Berlin v. 31. 12. 10, ZBl. 11 S. 30.

b) Ausländische Aktien, die einem ausländischen Syndikat gehören, sind bei einer inländischen Bank hinterlegt. Das Stimmrecht an diesen Aktien wird der inländischen Gesellschaft B. eingeräumt unter Verzicht auf die Zurückziehung der Aktien ohne Zustimmung der Gesellschaft B.: Hiermit war die St.pflicht eingetreten. An den Aktien hat die Gesellschaft B. durch die Erklärung des Eigentümers den mittelbaren Mitbesitz (§ 868 BGB.), dadurch aber, wenn auch nur zu beschränktem Zweck und in dem entsprechenden Umfang, eine rechtlich geschützte Mitherrschaft über die Aktien erworben; darin ist ein „mit" den Aktien gemachtes Geschäft zu finden. RG. 16. 12. 10, ZBl. 11 S. 86.

19. Zu Abschn. IV Anm. 7 (S. 232).

Inländische Wertpapiere i. S. d. G. sind Kuxe einer Gewerkschaft, die ihren Sitz im Reichsinland hat und auf ein daselbst belegenes, wennschon nicht betriebenes Bergwerk begründet ist, ohne Rücksicht darauf, ob sie im übrigen ihren Betrieb im Auslande hat. Die erfolgte Ausschreibung von Zubußen unterlag daher der Anmeldepflicht. RG. IV 6. 12. 10. FM. 5. 1. 11 III 143.

20. Zu Abschn. IV Anm. 14 c (S. 234).

a) Da die in der Anmerkung zu Tarifnummer 1 u. 2 des RStG. v. 3. 6. 06 enthaltene Vorschrift, daß vor dem 1. Juli 1900 ausgegebene Genußscheine nach den bisherigen Bestimmungen besteuert werden, in das RStG. v. 15. 7. 09 nicht aufgenommen ist, gilt für ausländische Genußscheine jetzt die Bestimmung in § 5 Abs. 1 Satz 1 des RStG. v. 15. 7. 09, wonach es bezüglich der mit dem RSt. versehenen ausländischen Wertpapiere bei den bisherigen Vorschriften bewendet. Für ausländische Genußscheine, die sich am 1. August 1909 bereits im Inlande befanden, ohne mit dem RSt. versehen zu sein, ist daher der jetzt vorgeschriebene RSt. zu verwenden, sobald mit ihnen ein Geschäft der im § 2 Abs. 1 Satz 1 d. G. erwähnten Art gemacht wird. FM. 16. 1. 11 III 838, ZBl. S. 42.

b) Weitere Einzahlungen oder Restzahlungen auf Wertpapiere sind nur insoweit zur Versteuerung zu ziehen, als der Gesamtbetrag der Einzahlungen nicht bereits durch frühere Teilversteuerungen gedeckt ist. Von diesem Verfahren ist auch dann nicht abzuweichen, wenn es sich um Einzahlungen handelt, die unter der Herrschaft verschiedener Reichsst.gesetze mit verschiedenen Steuersätzen geleistet worden sind. FM. 24. 9. 10 III 17 683, ZBl. S. 431, Bl. f. d. d. FW. 1911 S. 62. — Vgl. auch A. 157.

21. Zu Abschn. IV Anm. 23 a (S. 240).

Ein Geschäftsabschluß ist als im Inland erfolgt anzusehen, wenn eine ausländische Firma ihren inländischen Vertreter von der Ausführung der von diesem übermittelten Aufträge inländischer Auftraggeber in Form von chiffrierten Telegrammen benachrichtigt und dieser die Mitteilung dechiffriert und in deutscher Sprache an die Auftraggeber weitergibt. Die Entscheidung wird darauf gestützt, daß durch die an den Agenten gerichteten Telegramme die Geschäfte nicht „zustande gekommen" sind, daß dieser Erfolg vielmehr erst durch die im Inland aufgegebene Mitteilung des Agenten an den inländischen Auftraggeber eingetreten sei. RG. 4. 10. 10, Entsch. Bd. 74 S. 240, ZBl. S. 519.

22. Zu Abschn. IV Anm. 29 (S. 248).

Der Hinterleger von Wertpapieren, der gemäß § 2 d. G. v. 5. Juli 96 den Verwahrer ermächtigt, über die Papiere zu seinem Nutzen zu verfügen, verliert damit noch nicht sofort sein Eigentum. Solange der Verwahrer über die Papiere nicht verfügt, bleibt das Eigentum daran zunächst beim Hinterleger. RG. 7. 1. 10, Entsch. Bd. 43 S. 183.

23. Zu Abschn. IV Anm. 65 d (S. 271).

Die Bildung von Losgesellschaften zwecks gemeinsamen Spieles in einer Lotterie oder zwecks Bezuges der auf Prämienlose fallenden Gewinne ist, sofern Miteigentum an den zu spielenden Losen auf die Teilnehmer nicht übergeht, als Veranstaltung einer neuen Lotterie zu erachten.

Die über die Beteiligung an solchen Gesellschaften ausgestellten Urkunden können als Lose dieser neuen Lotterie auch i. S. des RStG. angesehen werden.

Eine Beihilfe zu Vergehen gegen die St.gesetze ist rechtlich denkbar.

Eine Idealkonkurrenz zwischen Vergehen gegen § 286 R.-StrGB. und gegen das Ges. betr. das Spielen in außerpreußischen Lotterien vom 29. Aug. 1904 ist rechtlich unmöglich. KG. 26. 4. 09, Joh. Bd. 38 S. C. 64. — Vgl. Anm. 84 und 85.

24. Zu Abschn. IV Anm. 92 § 12 Ziff. 6 (S. 293).

Das durch den Erl. des Min. der öffentl. Arb. vom 26. 9. 07 — II C g 2589 — (Eisenbahn-Nachrichten-Bl. S. 364) im Einverständnis des FM. zugelassene Verfahren, wonach die Verkehrskontrollen die Nachweisungen über die von den Abfertigungsstellen der Eisenbahnverwaltung als offensichtlich überhoben erstatteten Frachtst.beträge der für ihren Sitz zuständigen Oberzolldirektion zu übersenden haben, ohne daß eine Trennung nach den Bezirken der für die Abfertigungsstellen zuständigen Oberzolldirektionen stattfindet, hat durch den § 12 des 1. Nachtrages zu der Dienstvorschrift über die Verwendung des Frachturkundenst. nicht abgestellt werden sollen. FM. 7. 9. 10 III 16 683.

25. Zu Abschn. IV Anm. 97 (S. 296).

Das Fahren von einem ausländischen nach einem im Inland gelegenen Orte bildet eine Ingebrauchnahme i. S. des § 56, auch soweit es zum Zweck des Transports des Fahrzeugs geschehen ist, da dieser Zweck nur erreicht werden kann, wenn das Fahrzeug zugleich zur Beförderung von Personen, wenigstens des Leiters, benutzt wird. RG. 27. 6./26. 9. 10, Entsch. Bd. 44 S. 122, ZBl. 1911 S. 88.

26. Zu Abschn. IV Anm. 102 (S. 299).

Eine Probefahrt liegt nicht vor bei solchen Fahrten, die einem Kauflustigen auf dessen Nachfrage die Vorzüge und Nachteile der einzelnen Arten erläutern sollen — RG. 31. 1. 10, Entsch. Bd. 43 S. 214 —, weil in der Verwendung eines Fahrzeugs als Typen-, Probe-, Vorführungsfahrzeug die Ingebrauchnahme zu den gewerblichen

Zwecken des Fabrikanten oder Händlers enthalten ist. In dem Urteil heißt es in dieser Hinsicht wörtlich wie folgt:

„Daraus (aus der Steuerfreiheit der Probefahrten) ergibt sich aber keineswegs die Steuerfreiheit für Fahrzeuge, die von Fabriken oder Händlern eigens als „Probewagen" verwendet oder gar nur zu dem Zwecke gehalten werden, um sie als Muster einer bestimmten Art (eines Systems) von Kraftfahrzeugen — als „Typ" — vorzuführen und daran auf Nachfrage von Kauflustigen oder zu Reklamezwecken die Vorzüge und Nachteile der einzelnen Arten zu erläutern, ohne daß der — vielleicht längst erprobte — „Vorführungswagen" auch selbst auf der Fahrt noch auf seine Gebrauchsfähigkeit und Verwendbarkeit im Fahrdienst erprobt oder zu Verkaufszwecken in der Fahrt vorgeführt wird. Ein solcher „Probe"- oder „Vorführungswagen" des Fabrikanten oder Händlers wird von diesem selbst zu seinen gewerblichen Zwecken recht eigentlich „in Gebrauch genommen", von ihm als Eigenbesitzer in den Fahrdienst eingestellt. Hinsichtlich dieses Gebrauchs eines Fahrzeugs innerhalb des Gewerbebetriebs, der die Erprobung des einzelnen zum Verkauf gelangenden Fahrzeugs desselben Systems für dessen Käufer regelmäßig nicht erübrigen wird, greift die gesetzliche Vergünstigung nicht Platz; die Benutzung des Wagens zu den erwähnten geschäftlichen Zwecken ist vielmehr nur nach vorgängiger Entrichtung der Steuer statthaft; wie der „Probewagen" im Einzelfall benutzt wird, ob zur Vergnügungsfahrt oder zur Personenbeförderung gegen Entgelt oder seiner eigentlichen Bestimmung entsprechend zur Darlegung der Vorzüge des Systems oder allgemein zur Reklame, das ist gleichgültig."

Das RG. gelangt hiernach zu dem Schluß, daß der Angeklagte sich strafbar gemacht habe, wenn er den Probewagen, nicht um ihn zu „erproben", sondern um ihn als „Probe" vorzuführen, auf öffentlichen Wegen zur Personenbeförderung benutzt hatte. FM. 15. 6. 10 III 11 687.

Die Verfügung vom 19. 1. 07 III 908 (Anm. 97 Ziff. 5 Satz 2) erleidet also eine Einschränkung.

27. Zu Abschn. IV Anm. 103 (S. 299).

a) Der Geschäftsführer einer G. m. b. H., der ein Fahrzeug seiner Gesellschaft zu seinen persönlichen Zwecken mißbraucht, handelt auch in einem solchen Fall als Vertreter der Gesellschaft, und es wird keineswegs, wie bei einem Diebstahl, der Eigenbesitz (§ 57 d. G.) der Gesellschaft an dem Fahrzeug durch dessen mißbräuchliche Benutzung aufgehoben. Demzufolge wird auch durch die mißbräuchliche Ingebrauchnahme des Fahrzeugs die Gesellschaft als Eigenbesitzerin steuerpflichtig und wegen Nichterfüllung der Steuerpflicht strafbar.

RG. 27. 6./26. 9. 10, Entsch. Bd. 44 S. 122, ZBl. 1911 S. 88. — Vgl. unten Nachtrag 28 b.

b) Wenn nach Ausstellung einer Erlaubniskarte für einen Zeitraum von vier Monaten später die Verlängerung um acht Monate beantragt wird, ist nicht etwa nur die Jahressteuer abzüglich des bereits bezahlten Zeitraumes nachzuzahlen, da Karten nur entweder auf ein Jahr oder auf einen vier Monate nicht übersteigenden Zeitraum (Tarif 8 a Abs. 2 u. § 58 d. G.) ausgestellt werden dürfen. FM. 30. 11. 10 III 22 257.

28. Zu Abschn. IV Anm. 103 a (S. 299).

a) Die Anwendung des § 64 ist nicht abhängig von dem Nachweis des Bestehens einer Hinterziehungsabsicht. Vielmehr hat an Stelle der Bestrafung nach § 64 die Verhängung einer Ordnungsstrafe nach § 95 nur zu treten, wenn nach den Umständen eine Steuerhinterziehung nicht beabsichtigt ist, und für diese Voraussetzung kommt, wenn der Steuerpflichtige für die Handlung eines andern verantwortlich ist, zunächst die Person des andern in Betracht. RG. 27. 6./26. 9. 10, Entsch. Bd. 44 S. 122, ZBl. 1911 S. 88.

b) Der Eigenbesitzer eines Kraftfahrzeuges, das unversteuert in Gebrauch genommen ist, kann nicht in Strafe genommen werden, auch nicht in eine Ordnungsstrafe, wenn die Ingebrauchnahme des noch nicht versteuerten Kr. unabhängig von seinem Tun und den von ihm mit Bezug auf das Fahrzeug getroffenen Veranstaltungen durch einen nicht vorherzusehenden und unabwendbaren Zufall erfolgte, z. B. bei einer auf Grund eines Diebstahls oder einer auch ohne Aneignungsabsicht und nur vorübergehend seitens Dritter heimlicherweise bewirkten Ingebrauchnahme. Dagegen setzt die Bestrafung des Eigenbesitzers kein Verschulden auf seiner Seite voraus und ist z. B. gerechtfertigt, wenn er das Kr. dem Verwalter seiner Ziegelei zwecks Beschaffung der Erlaubniskarte und des polizeilichen Kennzeichens sowie demnächstiger Benutzung im Interesse des Geschäfts übergeben hat, und der Verwalter es dann ohne vorherige Versteuerung in Gebrauch nimmt, da die verbotswidrige Fahrt alsdann immerhin durch die bezüglich des Kraftwagens getroffenen Bestimmungen des Eigenbesitzers ermöglicht und bedingt wurde, insoweit also auf dessen Verhalten zurückzuführen ist. RG. 24. 5. 10, Entsch. Bd. 43 S. 393, ZBl. S. 352. — Vgl. oben Nachtrag 27 a.

29. Zu Abschn. IV Anm. 108 d (S. 305).

Wenn die Urkunde über das Veräußerungsgeschäft schon vor dem Inkrafttreten des Gesetzes errichtet worden ist, die Auflassung aber erst nach diesem Zeitpunkt stattgefunden hat, ist gleichwohl der RSt. zu erheben. RG. 24. 6. 10, Entsch. Bd. 74 S. 42, ZBl. S. 352.

30. Zu Abchsn. IV Anm. 108 e (S. 306).

Anträge auf Umschreibung von Grundstücken auf Grund einer Universal-Erbfolg falrlen nicht unter Tarifstelle 11. FM. 21. 12. 09 III 21 670.

31. Zu Abschn. IV Anm. 108 f (S. 306).

In Zukunft sind Eigentumsveränderungen von der RSt.abgabe befreit, denen sich die Beteiligten aus Gründen des öffentlichen Wohles zu unterwerfen gesetzlich verpflichtet sind. (Letzte BefrVorschr. zu Tarif 11 n. F.) Die Vorschrift in Nr. 1 der Allg. Verf. v. 8. 7. 10, JMBl. S. 278, wird demgemäß aufgehoben. Allg. Verf. v. 18. 3. 11, JMBl. S. 135.

32. Zu Abschn. IV Anm. 108 i (S. 308).

Der Befreiungsbestimmung des § 84 ist die Bedeutung beizulegen, daß für die Beurkundung einer Grundstücksübertragung eine Abgabe nicht zu entrichten ist, wenn der Landesfürst oder die Landesfürstin als Erwerber beteiligt sind, daß hingegen die Abgabe im vollen Betrage von den sonstigen Beteiligten zu erheben ist, wenn der Landesfürst oder die Landesfürstin als Veräußerer am Rechtsgeschäft teilnimmt. FM. 14. 7. 10 III 13 649, Bl. f. d. b. FW. S. 251.

33. Zu Abschn. IV Anm. 108 k (S. 308).

a) Die Bindung und damit auch die Steuerpflicht eines Grundstücks ist nach dem Landesrecht zu beurteilen, das zur Zeit der Errichtung des Fideikommisses in Geltung war; die Bindung eines Grundstücks kann auch für die St.pflicht nicht etwa um deswillen als aufgehoben gelten, weil das Grundstück infolge Aenderung des bürgerlichen Rechts die Zubehöreigenschaft verloren hat. RSchA. 10. 8. 10 II 9832.

b) Das Zubehör der zu Familienfideikommissen gehörenden Landgüter sowie der Lehn- und Stammgüter ist nach den Vorschriften des BGB., nicht nach dem betreffenden Landesrecht zu beurteilen. R.-SchA. 10. 8. 10 II 9832.

c) Für den Umfang der abzugsfähigen Ausgaben bei Ermittlung des Ertragswertes bei Waldungen bleiben die allgemeinen Bestimmungen maßgebend und es werden daher im Hinblick auf § 20 Abs. 2 Ziff. II Nr. 5 u. 6 AB. zum REStG. die im regelmäßigen Forstbetrieb entstehenden Kosten für Wiederaufforstungen den bei Berechnung des wirklichen Reinertrages abzuziehenden Bewirtschaftungskosten zuzurechnen sein. RSchA. 10. 8. 10 II 9832.

d) Die Grund- und Gebäudesteuern sind bei Feststellung der Abgabe des § 89 RStG. als abzugsfähig anzusehen, soweit sie, wie regelmäßig der Fall ist, nach ihrer rechtlichen Natur nicht persönliche, sondern dingliche auf dem Grundstück haftende Abgaben sind und zu den gemeinen öffentlichen Lasten gehören. FM. 13. 3. 11 III 3686.

34. Zu Abschn. IV Anm. 112 (S. 310).

a) Für verdorbene abgestempelte Vordrucke von Schecks, desgl. für nicht aufgebrauchte außer Benutzung gestellte abgestempelte Scheckbücher kann Erstattung durch abgabefreie Abstempelung anderer gleichartiger Vordrucke gewährt werden.

b) Ungebrauchte durchlochte Vordrucke können als verdorben erachtet werden.

35. Zu Abschn. IV Anm. 113 f (S. 311).

Eine Verfügung der Steuerdirektivbehörde, durch welche eine St.-pflicht für einen Rechtsvorgang als nicht vorliegend anerkannt wird, stellt keinen privatrechtlichen Verzicht auf den St.anspruch dar, so daß spätere Einforderung zulässig ist. RG. 13. 12. 10, ZBl. 1911 S. 83.

36. Zu Abschn. IV Anm. 117 b u. 118 a (S. 311 u. 312).

a) In Prozessen wird der Fiskus von der Oberzolldirektion vertreten (§ 5 Abs. 3 der Verwaltungsordnung für die Preuß. Zollbehörden v. 15. 1. 08, GS. S. 66), und nicht von dem Präsidenten der Oberzolldirektion. RG. 18. 10. 10, Entsch. Bd. 74 S. 289.

b) Die Abgabe gilt als nach erfolgter Beitreibung gezahlt, wenn die Beitreibung auch nur begonnen hat und die Zahlung im Hinblick hierauf geleistet ist. In den Fällen, in denen das zur Erhebung der Abgabe zuständige Amt eine andere Behörde um dessen zwangsweise Einziehung ersucht, beginnt das Beitreibungsverfahren mit dem Augenblick, in welchem die ersuchte Behörde von dem Vollstreckungsersuchen Kenntnis erhält. RG. VII. 10. 3. 11.

37. Zu Abschn. IV Anm. 128 (S. 317).

Die Aktienges. N. hat die Herabsetzung des Grundkapitals durch Zusammenlegung von Aktien und zugleich dessen Erhöhung durch Ausgabe neuer Aktien beschlossen (§ 278 HGB.). Der Erhöhungsbeschluß wurde derart durchgeführt, daß die Zeichner der neuen Aktien die durch die Zusammenlegung frei gewordenen alten Aktien ohne Aenderung ihres schriftlichen

Inhalts erhielten: Wenn auch die ausgehändigten Aktien Urkunden über die Neuemission nicht sind (RG. 29. 1. 09, Entsch. Bd. 70 S. 237), war doch die Kapitalserhöhung im Hinblick auf § 6 RStG. zu versteuern. Der § 6 trifft auch im Jahre 1900 bereits bestehende Gesellschaften. RG. 13. 12. 10, ZBl. 1911 S. 83.

38. Zu Abschn. IV Anm. 132 e (S. 319).

Die „Aushändigung" im Gebiet des Deutschen Reichs genügt zur St.pflicht der ausländischen Wertpapiere, wenn auch der Aushändigung ein Anschaffungsgeschäft nicht zugrunde liegt. Der Heber braucht nicht persönlich im Inlande zu erscheinen, für die Aushändigung genügt vielmehr die Uebersendung aus dem Auslande. Eine Aushändigung zur bloßen Verwahrung jedoch begründet die St.pflicht noch nicht. (Vgl. Anm. 6 u. 144.) RG. 16. 12. 10, ZBl. 1911 S. 86, JW. 1911 S. 230.

39. Zu Abschn. IV Anm. 132 a Abs. 2 (S. 320).

Unter den Begriff der ausgeschriebenen Einzahlungen fallen auch die Leistungen, die bei Ausgabe von Kuxen seitens der Uebernehmer an die Gewerkschaft bewirkt werden und zwar gleichviel, ob diese Leistungen in Geldzahlungen oder in Sacheinlagen bestehen. Die St.pflicht entfällt nicht deshalb, weil eine förmliche Ausschreibung von Einzahlungen nicht stattgefunden hat. Für die entscheidende Frage, ob eine Kapitalsanlage in einer gewerkschaftlichen Unternehmung vorliegt, ist es ohne Bedeutung, ob sie auf Grund einer Ausschreibung oder auf Grund eines anderen geschäftlichen Vorgangs erfolgt ist. Uebrigens läßt sich der Ausdruck „ausschreiben" ohne Zwang auch allgemein dahin verstehen, daß darunter jedes Einfordern bestimmter Leistungen durch die Gewerkschaft gemeint ist. RG. 20. 9. 10, Entsch. Bd. 74 S. 186.

40. Zu Abschn. IV Anm. 141 f (S. 326).

Schuldverschreibungen amerikanischer Eisenbahngesellschaften, die gleichzeitig Schiffahrtsunternehmungen betreiben, sind steuerlich nach dem Umfange zu beurteilen, den der Schiffahrtsbetrieb gegenüber dem Eisenbahnunternehmen einnimmt. (Vgl. Erl. v. 6. 3. 05, ZBl. S. 170.) Die Versteuerung nach Nummer 2 b hat danach überall da einzutreten, wo der Eisenbahnbetrieb die Grundlage des Unternehmens bildet und ihm gegenüber der Schiffahrtsbetrieb von mehr untergeordneter Bedeutung ist. Auszunehmen von dieser Behandlung sind jedoch diejenigen von derartigen Gesellschaften ausgegebenen Schuldverschreibungen, aus denen sich unmittelbar ergibt, daß die Anleihe im wesentlichen anderen als Eisenbahnzwecken zu dienen bestimmt ist. Von diesem Gesichtspunkt aus erscheint es nach dem Ergebnis der angestellten Ermittlungen zulässig, die Schuldverschreibungen der Oregon Railroad and Navigation, der Canadian Pacific Railway, der Central Pacific Railway und der Long Island Railroad Company der Nummer 2 b zu unterstellen. FM. 1. 6. 10 III 10 826, ZBl. S. 259.

41. Zu Abschn. IV Anm. 145 h (S. 329).

Die 5 prozentige Anleihe der Stadt Rio de Janeiro.

Die $4^1/_2$ prozentigen Goldpfandbriefe der bulgarischen Nationalbank,

42. Zu Abschn. IV Anm. 156 c letzter Abs. — BRB. v. 28. 1. 10 § 93 der Prot. (S. 337).

Es ist in Frage gekommen, wie bei Abstempelung der Bogen, für welche eine Aussetzung der Steuererhebung stattzufinden hat, verfahren werden soll. Die Abstempelung erst bei Eintritt der Fälligkeit der Abgabe vorzunehmen, scheint nicht angängig, da ein Fehlen des amtlichen St. vermutlich die Lieferbarkeit der zugehörigen Wertpapiere beeinträchtigen, auch die Wiedereinziehung der etwa unabgestempelt in Verkehr gesetzten Bogen beim Eintritt der Fälligkeit der Abgabe lediglich zum Zwecke der Abstempelung meist auf unüberwindliche Schwierigkeiten stoßen würde.

Es ist daher folgendes bestimmt:

Die Bogen sind vor ihrer Ausgabe unter Benutzung des Musters 4 a der AusfB. ordnungsmäßig anzumelden und werden von der Hebestelle mit dem St.aufdruck „Versteuert" nach § 25 e der AusfB. versehen. Die Steuerstelle setzt unter Berücksichtigung des BRB. den Betrag und den Fälligkeitstag der zu entrichtenden Abgabe in der Anmeldung fest und gibt die abgestempelten Bogen dem Anmelder, nachdem er sich auf beiden Ausfertigungen der Anmeldung verpflichtet hat, den festgesetzten Steuerbetrag an dem anzugebenden Fälligkeitstage zu entrichten, gegen Vollziehung der Empfangsbescheinigung zurück. Die rechtzeitige Steuerzahlung wird von der Hebestelle überwacht. Zu diesem Zwecke sind Fälle dieser Art in die nach Ziffer 15 der AusfB. anzulegende besondere Abteilung des Merkbuchs — Muster 22 —, unter Vermerk des Fälligkeitstages in Spalte 10, einzutragen. FM. 23. 6. 10 III 12 196, ZBl. S. 284.

43. Zu Abschn. IV Anm. 156 c (S. 337).

a) Der BR. hat in der Sitzung vom 12. 10. 10, § 941 der Prot., beschlossen, aus Billigkeitsgründen zu genehmigen, daß die RSt.abgabe für

Gewinnanteilschein- und Zinsbogen, welche in einer von der geschäftlichen Uebung abweichenden Weise vor dem 1. 8. 09 ausgegeben und hierbei auf einen zehn Jahre übersteigenden Zeitraum ausgestellt worden sind, in der Art gestundet werden kann, daß die Steuer bei Eintritt der Abgabepflicht jeweilig nur für einen zehnjährigen Zeitraum und für eine zuletzt übrig bleibende geringere Anzahl Jahre verhältnismäßig nach der Zahl der Jahre im voraus entrichtet wird. FM. 28. 10. 10 III 20 219.

b) Werden Renten- und Schuldverschreibungen der in Nr. 3 A des Tarifs aufgeführten Art bei der ersten Ausgabe mit Zinsbogen für einen kürzeren als zehnjährigen Zeitraum versehen, weil sie nach den bestehenden geschäftlichen Einrichtungen des Ausstellers nur nach und nach in Verkehr gesetzt werden können, so ist die RSt.abgabe von den zur Erneuerung dieser Bogen ausgegebenen Bogen aus Billigkeitsrücksichten verhältnismäßig um soviel zu kürzen, als der an dem bezeichneten Zeitraum fehlenden Anzahl Jahre entspricht.

Die Entscheidung darüber, ob die Voraussetzung des Abs. 1 beim Aussteller vorliegt, trifft die oberste Landesfinanzbehörde. Die Vergünstigung tritt nur ein, wenn sich der Aussteller der Renten- oder Schuldverschreibungen den von dieser zu erlassenden Ueberwachungsvorschriften unterwirft. BRB. v. 12. 10. 10 § 942 der Prot., RZBl. S. 591.

Bei Beratung der Sache in den beteiligten Ausschüssen des BR. erklärten diese sich damit einverstanden, daß die Vergünstigung auch solchen Kreditanstalten zugestanden werde, die ihre Darlehne in barem Gelde gewähren, jedoch durch ihre Einrichtungen zur allmählichen Ausgabe von Schuldverschreibungen genötigt sind. Die Ausschüsse erklärten sich ferner damit einverstanden, daß der Beschluß auch auf solche Renten- und Schuldverschreibungen angewandt werde, die in der Zeit zwischen dem 1. 8. 09 und dem Beschl. des BR. ausgegeben sind. Wegen der vor dem 1. 8. 09 ausgegebenen Verschreibungen wird verwiesen auf den BRB. v. 28. 1. 10, § 93 der Prot. (Anm. 156 c).

In der Vorlage des Herrn RK. an die Ausschüsse des BR. ist bereits bemerkt, daß die zu erlassenden Vorschriften für Preußen insbesondere auf die landschaftlichen Kreditinstitute und die Landeskulturrentenbanken, gleichviel ob letztere die zur Darlehnsgewährung erforderlichen Mittel durch Ausgabe von Landeskulturrentenbriefen oder von Provinzialanleihescheinen aufbringen, ferner aber auch auf Institute wie die Kur- und Neumärkische Ritterschaftliche Darlehnskasse in Berlin wegen der Kur- und Neumärkischen Ritterschaftlichen Kommunalschuldverschreibungen oder auf Anstalten wie die Provinzialhilfskassen Anwendung zu finden haben. Dagegen werde für Hypothekenbanken (Bodenkreditgesellschaften und dergleichen) die Vergünstigung in der Regel nicht Platz greifen können, da für sie die Möglichkeit bestehe, die Pfandbrief-Emissionen im ganzen oder wenigstens in kürzerer Zeit auf den Markt zu bringen.

Was die Ueberwachungsvorschriften betrifft, so ist zu unterscheiden, ob die Anstalten die Renten- und Schuldverschreibungen unmittelbar vor der Ausgabe versteuern oder im voraus auf Vorrat.

Geschieht die Versteuerung unmittelbar vor der Ausgabe, so ist in der Versteuerungs-Anmeldung anzugeben, für welche Jahre der laufenden Zinsperiode die Zinsscheine nicht zur Ausgabe kommen. Die Anmeldung ist in zwei Exemplaren einzureichen, von denen die Anstalt das eine mit einem amtlichen Vermerk versehen zurückerhält. Außerdem könnten die nicht zur Ausgabe gekommenen Zinsscheine mitvorgelegt und unter amtlicher Aufsicht vernichtet werden.

Geschieht die Versteuerung im voraus auf Vorrat, so wäre den Anstalten zur Pflicht zu machen, Anschreibungen zu führen, aus denen hervorgeht, wann die einzelnen Verschreibungen zur Ausgabe gelangt sind. Auch könnte ihnen aufgegeben werden, die nicht zur Ausgabe gekommenen Zinsscheine aufzubewahren und bei der nächsten Versteuerung eines Zinsscheinbogens mitvorzulegen, da meistens schon aus der äußeren Beschaffenheit der Zinsscheine (je nachdem sie zusammenhängen oder von einander getrennt sind usw.) hervorgehen wird, daß sie nicht ausgegeben gewesen sind.

Die Herren Minister für Landwirtschaft, Domänen und Forsten und des Innern werden denjenigen Anstalten, die bei der von dem BR. beschlossenen Steuererleichterung in Frage kommen können, von dem Inhalt dieser Verfügung Kenntnis geben und ihnen anheimstellen, sich wegen der Regelung der Angelegenheit mit der Oberzolldirektion ihres Bezirks in Verbindung zu setzen. Die Oberzolldirektionen würden dann die Überwachungsvorschriften im Anschluß an die vorstehenden Bemerkungen, die lediglich als Anhalt zu betrachten sind, so zu bestimmen haben, wie es nach Lage der Verhältnisse am angemessensten ist. Die Königlichen Oberzolldirektionen haben also die Anträge der beteiligten Anstalten abzuwarten.

Diese Verfügung findet insbesondere auch auf die Ostpreußischen landschaftlichen Schuldverschreibungen Anwendung, die von der Ostpreußischen Landschaft auf Grund des § 5 Abs. 8 des unterm 23. März 1908 Allerhöchst genehmigten I. Nachtrags zur Landschaftsordnung zur Beschaffung der Mittel für den Meliorationskredit usw. ausgegeben werden; denn da die Meliorationsdarlehen usw. nach der von der Generallandschaftsdirektion erlassenen Anweisung in Schuldverschreibungen ausgezahlt werden, sind diese Schuldverschreibungen in bezug auf die Anwendung des Beschlusses des BR. den landschaftlichen Pfandbriefen gleichzustellen.

Wegen der Anwendung der Vergünstigung auf die seit dem 1. August 1909 ausgegebenen Verschreibungen ist die Regelung dem Ermessen der Oberzolldirektion überlassen, wobei angenommen ist, daß aus den Geschäftsbüchern der Anstalten das Nötige sich ergeben wird. FM. 19. 11. 10 III 21 593.

c) Wenn ein Teil der bereits in Verkehr befindlichen Dividendenbogen nicht bis zu einem bestimmten Zeitpunkt läuft, weil die zugehörigen Scheine nicht mit Jahreszahlen, sondern mit gewöhnlichen fortlaufenden Nummern versehen sind, wenn alsdann in einem Jahre keine Dividende verteilt wird, der betreffende Schein also an dem Bogen bleibt, die Gültigkeit bezw. Laufzeit des Bogens demgemäß um ein Jahr weiter hinausrückt, trifft BefrVorschr. 4 zu, soweit derartige Gewinnanteilscheine vor Inkrafttreten des Ges. ausgegeben sind. In den Fällen dagegen, die unter das Gesetz fallen, wird nach Sp. 4 Abs. 3 die Abgabe für soviel Jahre geschuldet, als die Bogen tatsächlich zur Erledigung des Anspruchs auf Gewinnanteil dienen. Es hat also je nach Umständen eine Nachversteuerung zu erfolgen. Der Umstand, daß für alle Jahre der tatsächlichen Geltungsdauer der Bogen Gewinnanteil zur Verteilung nicht gelangt ist, wird nach § 9 Abs. 2 d. G. erst bei der Verteilung der nächsten Bogenreihe berücksichtigt werden können. FM. 16. 12. 10 III 23 222.

44. Zu Abschn. IV Anm. 161 b (S. 340).

a) Auch in dem Falle ist es nicht zulässig, Kosten und St. bei der St.berechnung von dem Ausgabepreise abzuziehen, wenn sie für dessen Festsetzung mitbestimmend gewesen sind: Die Ausgabe erfolgt zu 102 Prozent. Den Gesamtbetrag über 100 Prozent hat Kläger als St. bezahlt. Das Urteil vom 26. 5. 03, Entsch. Bd. 55 S. 43 (Anm. 162 b) trifft nicht zu. Es ist ohne Bedeutung, daß Kläger einen Teil der St.kosten hätte sparen können, wenn er die Aktien zum Nennwert ausgegeben und daneben den Übernehmern die Verpflichtung besonders aufgelegt hätte, den Aktienst. zu tragen. RG. 22. 3. 10, Entsch. Bd. 73 S. 185, Bl. f. d. b. FW. S. 180. — Vgl. Anm. 195.

b) Nach Tarif 1 geschieht die Versteuerung der dort erwähnten Wertpapiere nach dem Nennwerte, jedoch bei Wertpapieren zu 1 a und b zuzüglich des Betrags, zu dem sie höher, als der Nennwert lautet, ausgegeben werden. Es ist in Frage gekommen, was bei der Ausgabe gegen Barzahlung als der Betrag anzusehen ist, zu dem die Aktien höher, als der Nennwert lautet, ausgegeben werden. Dabei ist es insbesondere zweifelhaft geworden, ob die von dem ersten Erwerber der Aktien an die Aktiengesellschaft zu zahlende Vergütung für Emissionskosten in den Ausgabekurs eingerechnet werden darf. Das RG. steht nach den

Entsch. v. 26. 5. 03 und 22. 3. 10 (Bd. 55 S. 43 und Bd. 73 S. 185) auf dem Standpunkt, daß zu dem Ausgabepreise die von dem Erwerber daneben besonders übernommenen Kosten und St. bei der Versteuerung nicht hinzugerechnet werden dürfen, andererseits aber der Betrag der der Gesellschaft erwachsenden Kosten und St. bei der St.berechnung von dem festgesetzten Ausgabepreise nicht abgezogen werden darf, auch wenn sie für die Höhe der Festsetzung mitbestimmend gewesen sind.

Es scheint dem Sinne des Gesetzes nicht zu entsprechen, daß die St.-berechnung von dem mehr oder weniger zufälligen Umstand abhängig gemacht wird, ob bei den Ausgabebedingungen St. und Kosten sogleich in den Ausgabepreis eingerechnet oder gesondert in Ansatz gebracht werden. Bisweilen werden dem Erwerber die Kosten und St. in Form eines Kostenaversums aufgebürdet. In diesem Fall kann die Aktiengesellschaft unmöglich für befugt erachtet werden, zum Zweck der St.-ersparnis ein Kostenaversum von beliebiger Höhe auch über den Betrag der wirklichen Kosten hinaus festzusetzen. Die Entscheidung des RG. v. 26. 5. 03 erscheint daher bedenklich. Der Aktienst. trifft nach § 2 in erster Linie die Aktiengesellschaft als Ausgeberin der Aktien. Erklärt der Zeichner der Aktien sich bereit, der Gesellschaft diesen St. zu ersetzen, so erhöht sich dadurch der Betrag, für den er die Aktien übernimmt, oder, wie es in Spalte 4 der Tarifnummer 1 heißt, der Betrag, zu dem die Aktien ausgegeben werden. Aehnlich lag die Sache früher, wenn der Käufer eines Loses den St. übernahm, der an sich dem Veranstalter der Lotterie zur Last fiel (Entsch. Bd. 16 S. 63), und es bedurfte erst einer Abänderung des Gesetzes, um hierin eine Aenderung zu bewirken. Bis zu einer etwaigen Aenderung des in der Entsch. v. 26. 5. 03 ausgesprochenen Grundsatzes sind bei der St.berechnung die dem Erwerber besonders auferlegten Emissionskosten einschließlich des St. dem Ausgabepreise hinzuzurechnen.

Im übrigen erscheint unzweifelhaft, daß, wenn die Aktien dem ersten Erwerber gegen Barzahlung, also zu einem ziffernmäßig feststehenden Barbetrag überlassen werden, nur dieser Barbetrag, auch wenn der wahre Wert der Aktien höher ist, und daneben nur noch der Wert etwa sonst gewährter Nebenleistungen (vgl. RGE. v. 7. 1. 10 — Anm. 162 e —) bei der Versteuerung in Berechnung zu ziehen ist. FM. 6. 3. 11 III 3480.

45. Zu Abschn. IV Anm. 162 b (S. 341).

Werden neue Aktien gegen eine Sacheinlage übernommen, so ist es das Natürliche und Selbstverständliche, daß der innere Wert der Aktien durch den Wert der Sacheinlage bestimmt wird. RG. 4. 2. 10, JW. S. 343. Vgl. auch RG. 20. 12. 10, JW. 1911 S. 195.

45 a. Zu Abschn. IV Anm. 174 a (S. 349).

Die den Kauf- und Anschaffungsgeschäften gleichgestellte Ausreichung von Wertpapieren an den ersten Erwerber umfaßt auch die Aushändigung von Kuxscheinen an die Gründer einer Gewerkschaft: Die Gewerkschaft A. gründete mit einem Teile der ihr zustehenden Verleihungen eine Tochtergewerkschaft unter dem Namen M. Von den 100 Kuxen der neuen Gewerkschaft behielt die A. 99, einen übernahm der Repräsentant B. Ueber die beiden Anteile wurde je ein Kuxschein ausgefertigt. Außer dem Emissionsst. war auch noch der Umsatzst. fällig. Allerdings beruht die St.pflicht nicht auf dem körperlichen Akt der Aushändigung (Entsch. Bd. 52 S. 324), vorausgesetzt wird vielmehr ein Geschäft, aus welchem sich der Anspruch auf Aushändigung ergibt. Ein solches Geschäft liegt aber der Aushändigung der Kuxscheine an die Gewerken zu Grunde und zwar ist es in dem Vertrage über die Errichtung der Gewerkschaft zu finden (§ 83 Berggesetz.) RG. III. 24. 3. 11.

46. Zu Abschn. IV Anm. 183 (S. 357).

Die Vorschriften des § 17 Abs. 3 d. G. und des Abs. 4 der „Ermäßigung" zu Tarif 4 a finden auch auf Kaufgeschäfte über Wertpapiere Anwendung, über die nach §§ 63, 64 des Börsenges. Termingeschäfte mit der Wirkung verboten sind, daß eine Klage aus ihnen nicht stattfindet, andererseits aber das Gezahlte nicht zurückgefordert werden kann.

47. Zu Abschn. IV Anm. 193 c (S. 364).

a) Der BR. hat am 20. 10. 10, § 965 der Prot., beschlossen, zu genehmigen, daß in denjenigen aus der Zeit vor dem Bekanntwerden des RGE. v. 6. 10. 08 (ZBl. S. 18 von 09) herrührenden Fällen, in denen bei dem Weiterverkauf nicht vollbezahlter Aktien der Anschaffungsst. nur unter Berücksichtigung der auf die Aktien erfolgten Einzahlung berechnet ist, von der Nachbringung der zu wenig verwandten Anschaffungsst. aus Billigkeit abgesehen werde.

b) Hat der Uebernehmer des ganzen erhöhten Aktienkapitals bei der Uebernahme sich verpflichtet, einen Teilbetrag davon den alten Aktionären zur Ausübung des Bezugsrechts anzubieten, so ist der volle Anschaffungsst. nicht nur für die Uebernahme des erhöhten Aktienkapitals, sondern auch für die Ausübung der Bezugsrechte fällig; dies auch dann, wenn die Aktien seitens der Bezugsberechtigten direkt von der emittierenden Gesellschaft erhoben und hier bezahlt sein sollten, da letztere gar kein Verfügungsrecht mehr über die Aktien hatte, sie also nur im Auftrage des Uebernehmers gehandelt haben kann, für dessen Rechnung auch nur die Zahlung geleistet worden ist. RG. 12. 4. 10, Entsch. Bd. 73 S. 222.

48. Zu Abschn. IV Anm. 193 d (S. 364).

Anm. 193 d fällt weg im Hinblick auf Anm. 193 c und das gleichlautende Erk. des RG. v. 12. 4. 10, Entsch. Bd. 73 S. 222 (Nachtrag 47 b).

49. Zu Abschn. IV Anm. 217 (S. 378).

Der St. der Tarifnummer 6 c ist erforderlich, wenn die Ladung, über welche die inländische Schiffsfrachturkunde lautet, zwar nach dem Wasserstande des Flußlaufs zur Zeit der Abladung die ganze Ladefähigkeit des Schiffes in Anspruch nimmt, im Laufe der Fahrt aber infolge veränderter Wasserverhältnisse, insbesondere bei zu Tale gehenden Schiffen, Zuladungen möglich werden und erfolgen.

Die Steuerpflicht nach Tarifnummer 6 ist grundsätzlich an Urkunden geknüpft, die als Beweis für den Abschluß eines Frachtvertrags zu dienen bestimmt und geeignet sind. Deshalb müssen wie für die Frage, ob ein Frachtvertrag bei seinem Abschluß die Ladung eines ganzen Schiffsgefäßes umfaßt, so auch für die Steuerpflicht der Urkunde die örtlichen Verhältnisse entscheidend sein, die am Ladeort bestehen. Nach diesen aber stellt die von dem Fahrzeuge beim Vorliegen eines einheitlichen Beförderungsvertrags eingenommene Ladung, die Ladung des ganzen Schiffsgefäßes dar, weil das Fahrzeug an der Abgangsstelle nach Maßgabe seines Tiefgangs weitere Ladung nicht aufnehmen kann. Damit sind die Voraussetzungen für die Steuerpflicht nach Tarifnummer 6 c für die ganze Strecke gegeben, auf welche die Urkunde lautet, ohne Rücksicht darauf, ob der Flußlauf nach seinen natürlichen Wasserverhältnissen stromabwärts allmählich größeren Tiefgang zuläßt und ob etwa infolgedessen auf die Aufnahme weiterer Waren für die ferneren Teilstrecken von vornherein gerechnet worden ist.

Ebensowenig darf in der vorerörterten Frage eine anderweite Beurteilung eintreten, wenn es sich um ausländische Urkunden handelt. Denn bei ihnen ist für die St.pflicht nach Tarifnummer 6 c gleichfalls in erster Linie maßgebend, ob sie über die Ladung eines ganzen Schiffsgefäßes lauten, und diese Voraussetzung wird auch dadurch nicht berührt, daß die Steuerpflicht ausländischer Urkunden außerdem von der Vorlegung oder Aushändigung im Inlande abhängig gemacht ist.

Es ist daher bei inländischen und ausländischen Binnenschiffsfrachturkunden der Tarifnummer 6 c der Zeitpunkt ihrer Ausstellung für die Entscheidung der Frage, ob sie über die Ladung eines ganzen Schiffsgefäßes lauten, maßgebend und muß daher zu diesen Urkunden die St.-

abgabe selbst dann gefordert werden, wenn der Flußlauf nach seinen natürlichen Wasserverhältnissen stromabwärts allmählich größeren Tiefgang des Schiffes zuläßt, und schon bei der ersten Abladung feststeht oder die regelmäßigen Verkehrsverhältnisse des Schiffahrtsweges derart sind, daß auf der Weiterfahrt an bestimmten Orten zur ursprünglichen Befrachtung Zuladungen erfolgen, die nicht als unerhebliche Beiladungen anzusehen sind. FM. 4. 10. 10 III 18 645, Bl. f. d. d. FW. 1911 S. 32.

50. Zu Abschn. IV Anm. 226 (S. 383).

Bei Berechnung der Fahrkartensteuer für eine Fahrkarte, die zum Teil zur Benutzung der dritten, zum Teil zur Benutzung der vierten Wagenklasse berechtigt (Anm. Abs. 3 Satz 2), ist der auf die vierte Wagenklasse entfallende Teil des Fahrpreises außer Berücksichtigung zu lassen, so daß die Fahrkarte steuerfrei bleibt, wenn der Fahrpreisanteil für die dritte Wagenklasse weniger als 60 Pf. ausmacht. FM. 30. 12. 10 III 24 089.

51. Zu Abschn. IV Anm. 227 (S. 383).

Die Bestimmung in Abs. 5 der Anm. zu Tarifnummer 7 ist bisher dahin verstanden worden, daß die dort vorgeschriebene Abgabe nur zu entrichten ist, wenn über die Bezahlung des Gesamtfahrpreises für die Sonderfahrt eine als Fahrtausweis anzusehende Bescheinigung ausgestellt wird. Entscheidend für diese Auslegung war namentlich die Erwägung, daß die RSt.steuer im allgemeinen von dem Gesetze als Urkundensteuer gedacht ist. Es muß indes anerkannt werden, daß dieser Grund nicht durchschlagend ist. Denn Ausnahmen von dem Grundsatz der Urkundensteuer macht das RStG. auch bei den Aktien (§ 6) und bei Ausspielungen, zu denen keine Spielausweise ausgegeben werden (§ 28 Abs. 2). Die Steuern, die im RStG. geregelt sind, sollen auch nicht schlechthin die Urkunden treffen, sondern die Rechtsgeschäfte, Wetten, Güter- und Personenbeförderung, Benutzung von Kraftwagen und Tantièmeverteilung, und nur aus steuertechnischen Gründen ist für die St.fälle den Steuerpflichtigen die Ausstellung von Urkunden vorgeschrieben, zu denen die St.marken verwendet werden sollen. Der Wortlaut des Abs. 5 der Anm. ist so allgemein, daß sich daraus eine Beschränkung der Abgabe auf die Fälle der Ausstellung eines Fahrtausweises nicht ableiten läßt. Auch spricht gegen eine solche Beschränkung die Entstehungsgeschichte des Abs., der einem im Reichstag in der dritten Lesung (Sitzung vom 19. Mai 1906, StenBer. über die Verhandlungen des Reichstags für 1905/6 S. 3349 B) gestellten Antrage (Nr. 460 der Drucks.) entspricht. Während in dem von der Reichstagskommission vorgeschlagenen (damaligen) Abs. 1 der Anm. (StenBer. über die Verhandlungen des Reichstags für 1905/6 Anlagen Bd. V S. 3957) von Sonderfahrten die Rede war, bei denen Fahrkarten für die einzelnen Teilnehmer nicht ausgegeben werden, sind in dem zum Gesetz erhobenen Antrag Becker die unterstrichenen Worte weggelassen, was auf die Absicht des Gesetzgebers schließen läßt, mit der Vorschrift auch solche Fahrten zu treffen, für die keinerlei Fahrtausweis irgend einer Art ausgestellt wird.

Es ist daher für Sonderfahrten die in dem mehrerwähnten Abs. vorgeschriebene Abgabe auch dann zu entrichten, wenn ein Fahrtausweis über die Sonderfahrt nicht ausgestellt wird. FM. 12. 7. 10 III 13 212.

52. Zu Abschn. IV Anm. 234 b (S. 387).

In dem dem Reichstage vorgelegten Entwurf zu dem Gesetze stand an Stelle des Wortes „Behörde" das Wort „Gemeinde". Aus der Ersetzung des Wortes „Gemeinden" durch „Behörden" wird man den Schluß ziehen können, daß die Steuerbefreiung für die einer Gemeinde gehörigen Fahrzeuge nur insoweit hat eintreten sollen, als sie von der Gemeinde in ihrer Eigenschaft als Behörde, d. h. als Trägerin öffentlicher Gewalt und nicht in ihrer Eigenschaft als Besitzerin eines Gewerbebetriebs benutzt werden.

Nach einem Beschluß des KG. v. 4. 7. 10 (MinBl. der Handels- und Gewerbe-Verw. S. 450), worin auf eine Entscheidung des RG. (Bd. 18 S. 249) und ein Gutachten des KG. v. 31. 10. 04 (JMBl. S. 316) Bezug genommen wird, ist unter einer Behörde zu verstehen

> „ein in den allgemeinen Organismus der Behörden eingefügtes Organ der Staatsverwaltung, das dazu berufen ist, unter öffentlicher Autorität nach eigenem Ermessen für die Zwecke des Staats oder diejenigen Zwecke, deren Förderung zu den Aufgaben des Staats gehört, selbständig tätig zu sein, gleichviel ob es unmittelbar vom Staate oder von einer dem Staate untergeordneten Korporation zunächst für deren Zwecke bestimmt ist, sofern nur diese Angelegenheiten zugleich in den Bereich der Staatszwecke fallen".

Diese Voraussetzungen liegen bei Gemeinden nur insoweit vor, als sie berufen sind, öffentlich-rechtliche Befugnisse behufs Herbeiführung ihrer unmittelbaren Gemeindezwecke auszuüben und hierdurch staatliche Aufgaben zu erfüllen. Dagegen dienen die von den Gemeinden betriebenen Unternehmungen gewerblicher Art, wie Gasanstalten, Elektrizitätswerke, Straßenbahnen usw. nicht ausschließlich unmittelbar dem Gemeindezweck, sondern sind auf Erzielung von Gewinn gerichtet, und verwerten nicht das sogenannte Verwaltungsvermögen der Gemeinde, sondern das Finanzvermögen, d. h. das werbende oder wirtschaftliche Kapital. Mit dieser Auffassung steht nicht in Widerspruch, daß für die von Staatsbetrieben, wie Eisenbahnverwaltung, Domanialverwaltung, Bergwerken usw. benutzten Kraftfahrzeuge Steuerfreiheit besteht. Denn dafür ist nach der Fassung der Tarifvorschrift der Umstand entscheidend, daß das Fahrzeug im Dienste des Staats benutzt wird, ohne daß es darauf ankommt, ob die Verwendung im Dienst einer Behörde erfolgt. FM. 13. 2. 11 III 2480. Ebenso das rechtskräftige Urteil des LG. München I 5. HK. v. 8. 7. 09.

53. Zu Abschn. IV Anm. 236 (S. 388).

Zum Verkauf gestellte, der Personenbeförderung dienende, nicht versteuerte Kr. sind von dem Händler zur Benutzung überlassen, um durch Vermieten das in ihnen angelegte Kapital auszunutzen: die BefrBest. 2 findet nicht Anwendung. Unter gewerbsmäßiger Personenbeförderung wird nur eine solche verstanden, die innerhalb eines der Personenbeförderung dienenden Gewerbebetriebes, d. h. des Fuhrhaltereigewerbes, als dessen Betätigung und Ausfluß erfolgt.

Das Wort „ausschließlich" bezieht sich auf den gesamten folgenden Begriff, also auch auf Personenbeförderung. Die Kr. dienten dem Angekl. aber als Handelsware, keinesfalls ausschließlich, höchstens nebenbei, der gewerbsmäßigen Personenbeförderung. RG. 8. 3. 10, Entsch. Bd. 43 S. 289, ZBl. S. 198.

54. Zu Abschn. IV Anm. 237 (S. 388).

Als Vergütungen i. S. der Tarifnummer 9 sind alle geldwerten Bezüge, die den Aufsichtsratsmitgliedern als solchen zufließen, anzusehen, ohne daß es auf Art und Umfang der von diesen entwickelten Tätigkeit ankommt. RG. 13. 5. 10, Entsch. Bd. 73 S. 355, ZBl. S. 324. Dem Aufsichtsrat war u. a. eine Summe von 3900 M. zur Besoldung von Mitgliedern für deren Tätigkeit, die nicht in der Ueberwachung der Geschäftsführung besteht, zur Verfügung gestellt. Davon hatte 3000 M. der Rechtsanwalt A als Justitiar und 900 M. B als technischer Berater erhalten. Beide Beträge wurden mit Recht der Versteuerung unterworfen.

55. Zu Abschn. IV Anm. 238 (S. 388).

a) Die Allgemeine Verfügung des Justizministers v. 5. 10. 09, betr. die Anschaffung, Verwendung und Verrechnung von Scheckstempelmarken, sowie die Ausgabe und die Annahme von Schecks bei den Kassen der Justizverwaltung s. im JMBl. S. 339.

b) Wenn die Quittungen als den Schecks gleichstehend bezeichnet worden sind, so ist die Gleichstellung nur in Ansehung des Guthabens gemeint worden, aus dem die Zahlung, über die quittiert wird, erfolgt. Dies ist im Gesetz auch dadurch zum Ausdruck gebracht, daß für die St.pflichtigkeit der Quittung ein Guthaben des Ausstellers bei einer der in § 2 des Scheckges. bezeichneten Firmen oder Anstalten zur Voraussetzung gemacht ist. RSchA. 14. 4. 11 II 4010.

56. Zu Abschn. IV Anm. 246 Abs. 1 (S. 394).

Daß die Bank Auszahlungen nur nach vorheriger Kündigung zu bewirken braucht, ist für die St.pflicht ohne Belang. FM. 9. 5. 10 III 9117.

57. Zu Abschn. IV Anm. 246 (S. 394).

Quittungen über Abhebung von Kapitalien, die im Bankgeschäft auf Bankschein angelegt sind.

Quittungen folgenden Wortlauts: Von dem Bankgeschäft A 1000 M. für berechnete Wertpapiere zu Lasten meines Kontos empfangen zu haben, bescheinigt B. (Kunde).

Bestätigungsschreiben von Bankkunden über den Empfang eines aus Kontokurrent- oder Depositenguthaben bar übersandten — durch Boten oder die Post — Geldbetrages: Nach dem Wortlaut des Ges. trifft die St.pflicht die Quittungen usw., d. h. alle solche Quittungen ohne Unterschied, ob ihre Vorlage Zug um Zug gegen die Zahlung erfolgt oder der Zahlung vorangeht oder ihr nachfolgt. Auch bei den Reichstagsverhandlungen (Drucks. Bd. 237 S. 9236) sind derartige Bestätigungsschreiben unwidersprochen für st.pflichtig erklärt. Nicht auf die Art, wie die Quittung verwendet worden ist, ob sie vom Aussteller selbst am Bankschalter präsentiert wird, oder ob sie in Verkehr gesetzt oder nachträglich ausgestellt wird, kommt es für die St.pflicht an, sondern auf die Art des Guthabens, nämlich darauf, daß das Guthaben geeignet ist, als Grundlage für einen Scheckverkehr zu dienen. Wenn auf das im Reichstage von der Regierung gebrauchte Wort „Abhebung" hingewiesen wird, so hat damit nur gesagt werden sollen, daß für die St.pflicht Voraussetzung eine Barzahlung ist, also nicht auch eine Verfügung über das Konto im Wege der Giroüberweisung st.pflichtig sein soll. Barzahlung liegt aber auch bei Uebersendung durch die Post vor, oder wenn die einzahlende Bank den einzuzahlenden Postanweisungsbetrag nach § 12 der Geschäftsanw. über den Giroverkehr in der Postverwaltung im Girowege begleicht, oder wenn die Bank auf Ersuchen des Kunden, ihm einen Betrag aus seinem Guthaben an einem dritten Ort zu zahlen, einen entsprechenden Betrag von ihrem Girokonto auf das eines Geschäftsfreundes am dritten Ort überweist und diesen beauftragt, den Betrag an den Bankkunden bar auszuzahlen.

Die Form der Quittung ist für die St.pflicht natürlich gleichgültig, sofern die Empfangsbestätigung nur bestimmt ist, als Beweismittel der Zahlung zu dienen. FM. 22. 12. 10 III 23 130, RSchA. 24. 4. 11 II 4010.

58. Zu Abschn. IV Anm. 247 (S. 394).

a) Nicht st.pflichtig sind Quittungen über Zahlungen aus dem bei einer Bank eröffneten Depositenkonto, wenn 1. aus dem ausgestellten Depositenbuch der jeweilige Stand des Kontos in einer für beide Teile rechtsverbindlichen Weise jederzeit zu ersehen ist, 2. über das Guthaben nur im Wege der Barabhebung oder der Umschreibung auf ein anderes Konto desselben Kunden bei der Bank verfügt werden kann und 3. eine Verfügung über das Guthaben auf dem unter 2 bezeichneten Wege nur unter gleichzeitiger Vorlegung des Depositenbuchs behufs Eintragung der Abhebung oder Ueberschreibung seitens der Bank erfolgen darf. FM. 9. 5. 10 III 9117.

b) Quittungen über Zahlungen aus dem bei einer Bank eröffneten Depositenkonto bedürfen, wenn die in der Verf. v. 9. 5. 10 III 9117 angegebenen Voraussetzungen vorliegen, des St. auch dann nicht, wenn die Quittung auf besonderem Papier ausgestellt wird. Voraussetzung für die Steuerfreiheit bleibt aber, daß das Depositenbuch mit der Quittung gleichzeitig vorgelegt und im Depositenbuch die geschehene Zahlung vermerkt wird. FM. 20. 10. 10 III 19 704, Bl. f. d. b. FW. S. 283.

59. Zu Abschn. IV Anm. 249 (S. 396).

Eine in an sich st.pflichtiger Form ausgestellte Urkunde ist eine solche, die die Erhebung des RSt. nach Maßgabe der Tarifnummer 11 a, b, c in Verbindung mit den §§ 78 ff. d. G. zuläßt. RG. 24. 6. 10, Entsch. Bd. 74 S. 42, ZBl. S. 352.

59 a. Zu Abschn. IV Anm. 250 (S. 396).

Es sind Grundstücksübertragungen von Eltern an Abkömmlinge oder eingekindschaftete Kinder schlechthin von der Abgabe befreit, wie dies auch für die Zuwachssteuer im § 7 Ziff. 4 des Gesetzes vorgesehen ist; der Begriff der Ueberlassungsverträge ist nicht auf die Fälle des vorweg genommenen Erbgangs zu beschränken. RSchA. 2. 5. 11 II 5615.

60. Zu Abschn. IV Anm. 252 (S. 397).

1. Die BefrVorschr. soll vornehmlich den Bestrebungen Minderbemittelter, sich ein eigenes Heim zu gründen, förderlich sein. Hiernach

wird es einem begründeten Zweifel nicht unterliegen dürfen, daß die Steuerfreiheit nur dann zu gewähren ist, wenn der Erwerber eine physische Person ist, zumal auch bei einer solchen allein von einem Einkommen im eigentlichen Sinne gesprochen werden kann.

2. Tauschverträge werden für die Bemessung der Grundwechselabgabe als einheitliche Veräußerungen angesehen, indem an die Stelle des Kaufpreises der Wert des wertvolleren Grundstücks tritt. Diese Regelung auf die Anwendung der BefrVorschr. in dem Sinne zu übertragen, daß als Erwerber etwa nur der zu gelten habe, der in der Hingabe des wertvolleren Grundstücks den Betrag leistet, der an Stelle des Preises für die Abgabenfestsetzung maßgebend sein soll, würde nicht selten zu unbilliger Versagung der Steuerfreiheit führen und dem Zweckgedanken der Vorschrift zuwiderlaufen. Diesem dürfte vielmehr allein entsprechen, jede von beiden Vertragsparteien als Erwerber gelten zu lassen, und es kann nur fraglich sein, ob etwa, falls die Voraussetzungen der Steuerfreiheit nur für den Erwerb des einen Tauschgegenstandes gegeben sind, der ganze Tauschvertrag steuerfrei zu belassen ist oder ob die Abgabe ganz oder zum Teil von dem Erwerber des anderen Tauschgegenstandes zu erheben bleibt. Die völlige Abstandnahme von der Steuererhebung würde eine steuerliche Vergünstigung der Teilnehmer an einem Tauschvertrage bedeuten, wie sie im Sinne des Gesetzes nicht gelegen sein kann. Die Erhebung der vollen Abgabe von dem Vertragsteil, für dessen Erwerb die Befreiungsvoraussetzungen nicht vorliegen, andererseits würde, da Vorschriften und Vereinbarungen über die Verteilung der Steuerlast im Verhältnisse der Parteien zu einander durch das RStG. nicht berührt werden, zur Folge haben, daß der steuerfreie Vertragsteil die Abgabe in letzter Linie stets dann zu entrichten haben würde, wenn er dem anderen Teil gegenüber zur Tragung der Abgabe verpflichtet ist. Eine solche Ausschaltung der Befreiung kann zum mindesten insoweit nicht gewollt sein, als die Uebernahme der St.kosten nicht auf dem Willen des steuerfreien Vertragsteils, sondern auf gesetzlicher Vorschrift beruht. Dieser zufolge hat in sinngemäßer Anwendung des § 449 BGB. jeder Vertragsteil die Kosten der Uebertragung zur Hälfte zu tragen. Daher wird bei Tauschverträgen jeder der beiden Erwerber von der ihn treffenden Hälfte des RSt. frei zu lassen sein, wenn das von ihm erworbene Grundstück sich innerhalb der gesetzlichen Wertgrenze hält und in seiner Person die Voraussetzungen der Befreiung vorliegen.

3. Mehrere Personen, die ein Grundstück als Miteigentümer erwerben, haften nach außen hin für die Abgabe als Gesamtschuldner neben dem Veräußerer und haben diesem gegenüber nach den gesetzlichen Vorschriften die ganze Steuer zu tragen. Daß für sie eine entsprechende Minderung der Steuerpflicht eintreten soll,

wenn der steuerpflichtige Betrag 20 000 M. oder 5000 M. nicht übersteigt und bei einem oder mehreren von ihnen die persönlichen Befreiungsvoraussetzungen gegeben sind, ist vom Gesetze nicht ausdrücklich vorgesehen. Es kann dies auch nicht wohl beabsichtigt gewesen sein, da dadurch der Befreiung eine mit dem Zweckgedanken nicht vereinbarte Ausdehnung gegeben werden würde, indem die geringfügigste Beteiligung einer Person am Erwerbe, für welche die Befreiungsvoraussetzungen zutreffen, ausreichen würde, allen am Erwerbe Beteiligten, die Befreiung zukommen zu lassen. Unter diesen Umständen wird die Befreiungsvorschrift beim Erwerb innerhalb der Wertgrenze befindlicher Grundstücke durch mehrere nur dann Anwendung finden dürfen, wenn die persönlichen Befreiungsmerkmale bei jedem einzelnen Erwerber vorhanden sind.

4. Die Befreiung von der Grundwechselabgabe ist von Ehefrauen vielfach auch dann in Anspruch genommen worden, wenn die Voraussetzungen der Steuerfreiheit lediglich in ihrer Person und nicht zugleich auch in der ihres Ehemannes gegeben waren. Das dürfte dem Sinne des Gesetzes nicht entsprechen. Wenn, wie schon zu Ziffer 1 bemerkt ist, die Steuerfreiheit dem Bestreben Minderbemittelter nach Schaffung eines eigenen Heims förderlich sein soll, dann hat offensichtlich unter Einkommen die Gesamtheit der für den Lebensunterhalt einer Familie vorhandenen Einkünfte verstanden und auch bei Beantwortung der Frage des nichtgewerbsmäßigen Grundstückshandels nicht etwa die Möglichkeit geboten werden sollen, die Abgabe dadurch zu ersparen, daß das Grundstück auf den Namen des Ehegatten oder eines Kindes eingetragen wird.

Demnach wird beim Erwerb durch Kinder oder Ehegatten die Steuerfreiheit zu versagen sein, wenn im ersteren Falle die Eltern, im letzteren Falle der andere Ehegatte den Grundstückshandel gewerbsmäßig betreibt oder wenn die Gesamteinnahmen der zu einer Haushaltungsgemeinschaft gehörigen Personen mehr als 2000 M. ausmachen, wobei für die Höhe des Einkommens im Regelfalle die Feststellungen eine geeignete Grundlage bieten werden, die etwa aus Anlaß der einzelstaatlichen Einkommensteuerveranlagung getroffen worden sind.

5. Aus dem Zwecke der BefrVorschr., den Erwerb eines Grundbesitzes von mäßigem Werte durch gering bemittelte Personen zu begünstigen, ergibt sich weiter, daß der Wert aller gleichzeitig erworbenen Grundstücke zusammenzurechnen und bei der Uebertragung eines Grundstücks seitens mehrerer oder an mehrere der Wert des ganzen Grundstücks zugrunde zu legen ist. Uebersteigt der hiernach ermittelte Gesamtwert 20 000 M., so handelt es sich im Sinne der Befr.Vorschr. nicht mehr

um einen Grundbesitz von mäßigem Werte. Deshalb kann in solchem Falle nicht von Bedeutung sein, ob sich bei der Veräußerung mehrerer Grundstücke der gesamte Grundbesitz zum Teil aus bebauten, zum Teil aus unbebauten Grundstücken zusammensetzt. Nur wenn der Gesamtwert 20 000 M. nicht überschreitet, ist eine Prüfung geboten, ob der veräußerte Grundbesitz ganz oder zum Teil zu dem unbebauten zu rechnen ist. Es wird dann Steuerfreiheit einzutreten haben, soweit der Grundbesitz bebaut ist, während der unbebaute steuerpflichtig ist, sofern sein Wert 5000 M. überschreitet.

Dabei dürfte, weil die wirtschaftliche Bedeutung des Erwerbs für die Befreiung ausschlaggebend ist und die Anwendung der BefrVorschr. von dem Inhalt der Urkunde auch im übrigen nicht abhängt, die Art der Beurkundung nicht den Ausschlag geben. Daher wird eine Zusammenrechnung der Einzelwerte für zulässig zu erachten sein nicht nur, wenn der Erwerb einzelner Parzellen eines Grundstücks gesondert beurkundet ist, sondern auch in Fällen, in denen über mehrere Grundstücke mehrere Kaufverträge aufgenommen oder mehrere Grundstücke zu verschiedenen Zeiten aufgelassen werden, sofern nur nach den Umständen des Einzelfalles ein einheitlicher Erwerb vorliegt. Für einen solchen würde ungeachtet gesondeter Beurkundung der Kaufverträge insbesondere sprechen, wenn die Auflassung der in verschiedenen Verträgen erwähnten Grundstücke gleichzeitig erfolgt.

6. Aehnlich wie im Falle der Ziffer 5 werden für die Begriffsumgrenzung des Grundstücks selbst wirtschaftliche Gesichtspunkte maßgebend sein müssen. Insbesondere wird es für die Bestimmung des Umfangs eines Grundstücks allein auf die Verkehrsauffassung, und nicht etwa darauf ankommen dürfen, ob es im Kataster oder im Grundbuch als ein Grundstück eingetragen ist. In gleicher Weise wird bei der Unterscheidung bebauter und unbebauter Grundstücke unter den ersteren nicht nur der Grund und Boden zu verstehen sein, der mit einem Gebäude bedeckt ist oder unmittelbar zu einem Gebäude gehört, sondern es werden als bebaut auch solche Grundstücke oder Grundstücksteile zu gelten haben, die mit einem Gebäudegrundstück eine wirtschaftliche Einheit bilden, wobei als Gebäude jede für dauernde Zwecke bestimmte Baulichkeit zu zählen sein möchte, ohne Rücksicht darauf, ob das Gebäude Wohn- oder Wirtschaftszwecken dient und ob es in der Stadt oder auf dem Lande gelegen ist. RSchA. 21. 7. 10 II 7677, FM. 21. 11. 10 III 20 784, JM. 8. 7. 10, JMBl. S. 278.

Druck von Otto Walter, Berlin S. 14.

Druck von Otto Walter in Berlin S. 14.

Kolibri 360 GmbH
Ferdinand-Jühlke-Straße 7
99095 Erfurt, Deutschland
produktsicherheit@kolibri360.de